†

A LA MÉMOIRE

de

M. CHARLES DES MOULINS

COMMANDEUR

DE L'ORDRE PONTIFICAL DE SAINT-GRÉGOIRE-LE-GRAND

Sous-Directeur honoraire

DE L'INSTITUT DES PROVINCES DE FRANCE

(région du Sud-Ouest)

ETC., ETC.

Décédé à Bordeaux le 23 Décembre 1875

dans sa 78ᵉ année.

DISCOURS

PRONONCÉ LE 24 DÉCEMBRE 1875

par

M. E. DRUILHET-LAFARGUE

Secrétaire-Général de l'Institut des Provinces de France, etc., etc.

MESSIEURS,

Si préparé qu'il soit aux coups douloureux qui peuvent bientôt le frapper, l'homme ne saurait voir, sans une émotion profonde, le voile sombre de la mort s'étendre sur des existences qui lui sont chères.

Les Sociétés, comme les hommes, ressentent cette douleur aussi vive et elles la ressentent plus longtemps.

L'Académie des sciences de Bordeaux, la Société Linnéenne, viennent de payer au savant et au collègue le juste tribut de leurs regrets.

L'Institut des Provinces de France devait aussi se souvenir que M. Charles des Moulins fut longtemps[1] un de ses dignitaires les plus éminents, et mieux que cela peut-être, les plus dévoués. Je

[1] Sous-directeur de la région du sud-ouest pendant plus de trente ans.

ne puis refaire ici l'éloge du savant ; des voix plus autorisées que la mienne l'ont déjà fait : il me suffira de dire que sa Science n'affaiblit jamais sa Foi.

A une époque, non de défaillance religieuse mais de crainte puérile, il faut avoir le courage de venir loyalement affirmer sa croyance et, sans en faire étalage, prendre place résolument et au grand jour dans les rangs des vaillants soldats de la Science ! Souvent leurs théories heurtent les nôtres ; qu'importe ! il faut chercher la *Vérité*, partout où elle peut être, — reconnaître loyalement les découvertes de la science qui la confirment où attendre, loyalement encore, que l'avenir ait prononcé !

Ne se désintéressant jamais d'aucune de ces questions de Philosophie Scientifique, si fréquemment soulevées de nos jours par le progrès de l'esprit humain, M. Charles des Moulins a eu le rare bonheur, sinon de faire partager ses convictions, du moins de les faire respecter ! Aux Congrès ou aux Assises Scientifiques, aux Congrès Archéologiques, aux réunions des Délégués des Sociétés Savantes à Paris, il apporta toujours cette bienveillance qui rendit ses relations si recherchées et son amitié si précieuse. Travailleur infatigable et collègue généreux, il donnait sans compter les fruits de son incessant labeur; ses nombreux correspondants en France et sur les points les plus divers du globe ne cessaient de les lui demander, et il ne se lassait jamais de les leur donner!

Je ne puis oublier, Messieurs, que le but de l'Institut des Provinces de France est d'être, depuis bientôt un demi-siècle, le *trait-d'union* des sociétés savantes. Aussi est-ce pour moi un devoir de rappeler, ici, en cette douloureuse circonstance, que M. Charles des Moulins fut le correspondant actif de plusieurs d'entre elles.

La Société botanique de France, la Société d'archéologie, la Smithsonian Institution, l'Académie de Philadelphie, le comptèrent longtemps au nombre de leurs adhérents les plus zélés! Mais lorsque l'affaiblissement de ses facultés physiques ne lui permit plus de partager les travaux de ces grandes associations, il s'en sépara, et je puis le dire, avec regret! Peu après, il cessa ses correspondances avec l'Académie des sciences de Turin, la Société d'émulation d'Abbeville, la Société des sciences, belles-lettres et arts du Puy, et la Société des sciences naturelles de la Charente-Inférieure.

« Je fais exception à cette mesure générale, » écrivait-il à M. de Caumont, directeur général » de l'Institut des Provinces, en faveur de l'*Académie* » *de Bordeaux,* de ma chère et bien-aimée *Société* » *linnéenne,* de l'*Institut des Provinces de France* où » la forme complètement académique de ces Com- » pagnies confère un honneur *tout personnel* et » qu'on doit conserver, à mon sens, jusqu'au » dernier souffle. » — Enfin il ne voulut pas, par un sentiment aussi patriotique que généreux, briser entre nos provinces momentanément séparées de la mère patrie le seul lien matériel qui l'y rattachait encore. — Il fut, en effet, « jusqu'au dernier souffle, » membre correspondant de la Société du muséum d'histoire naturelle de Strasbourg!!

Vous parlerai-je des nombreux mémoires qu'il a laissés? Les comptes-rendus de nos divers Congrès Scientifiques, — notre Annuaire, — les Bulletins des Sociétés savantes qui eurent le bonheur de posséder M. des Moulins, rappelleront à ceux qui lui survivent tout ce qu'il fit pour le développement et le progrès de l'étude. D'ailleurs, dans quelques mois, il sera donné à notre Association de rendre à la mémoire vénérée et bien chère de l'un des siens un complet et solennel hommage!

Mais l'amitié et surtout la reconnaissance m'imposent aujourd'hui le devoir, aussi triste que doux à mon cœur, de ne point laisser cette tombe se refermer sur la dépouille mortelle de celui auquel je dois ce que je suis, sans adresser un suprême et dernier adieu au *maître* dissert et bienveillant, à l'*ami* sincère et dévoué ! !

Car vous étiez tout cela, cher et bien-aimé collègue, et je ne puis oublier devant ce cercueil la sollicitude toute paternelle avec laquelle vous avez guidé mes premiers pas dans la carrière que vous avez si noblement parcourue !

La communauté de nos convictions politiques et de nos sentiments religieux nous avait bien vite rapprochés !

Certes ! si votre voix eût été celle de la France, avec quel empressement eût-elle appelé le Prince auquel les liens d'une inébranlable fidélité vous attachait et tous vos amis savent aussi que dans vos prières les plus ardentes vous demandiez à « Celui de qui tout relève » de hâter l'heure qu'il ne vous a pas été donné d'entendre sonner !

Puis, souvent, le regard perdu dans les horizons où l'avenir semble se dévoiler à la pensée, vous voyiez, au loin, resplendir cette sainte et grande figure qui rayonne sur notre siècle comme un phare lumineux.

Pie IX sut apprécier tout ce que votre âme avait de loyal et de généreux et tout ce que vous aviez fait pour la Foi et pour la Science pendant plus d'un DEMI-SIÈCLE de dévouement absolu et de travail constant. Aussi est-ce avec joie que nous vîmes briller sur votre poitrine la croix de commandeur de l'ordre pontifical de Saint-Grégoire-le-Grand.

Rome vous rappelait à la France...... la France, hélas! fut muette!!.....

Vaillant pionnier, vous êtes resté sur la brèche jusqu'au moment précis où, affaibli par l'âge et par la maladie, vous ne pouviez plus donner l'exemple du travail. Vous avez voulu, alors, pendant les quelques jours que la Providence vous réservait encore, et après avoir été si longtemps aux autres, être tout à vous, ou, comme vous le disiez si bien, être tout à Dieu[1].

Votre journée est maintenant finie, l'heure du repos à sonné pour vous!!

Au sein de l'éternelle lumière, que votre foi n'a cessé d'entrevoir pendant votre longue et

(1) Lettre de M. des Moulins à ses collègues de la Société linnéenne. (Voir *Guienne* du 18 janvier 1875.)

laborieuse carrière et plus encore, s'il se peut, au crépuscule de votre vie terrestre, vous avez déjà reçu, pour tout le bien que vous avez fait ici-bas, la récompense qu'il n'appartenait pas aux hommes de vous donner.

Pour nous, nous suivrons votre exemple afin de retrouver aux heures de défaillance les parfums pénétrants de vos austères vertus. Puis fidèles aux grandes et nobles causes qui furent les vôtres, nous pourrons, comme vous, au soir de notre existence, contempler le passé sans remords et rentrer confiant dans le sein de Dieu.

Imp. Adrien Roussin, rue Gouvion 20.

www.ingramcontent.com/pod-product-compliance
Lightning Source LLC
Chambersburg PA
CBHW071418060426
42450CB00009BA/1931